まちごとインド

アーメダバード
West India 022 Ahmedabad
階段井戸とガンジーの「足跡」
અમદાવાદ

Asia City Guide Production

【白地図】グジャラート州

INDIA
西インド

【白地図】アーメダバード

INDIA
西インド

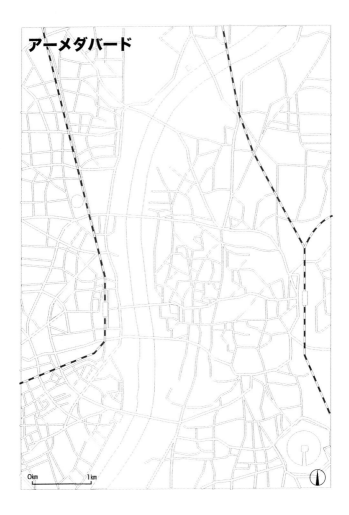

【白地図】アーメダバード旧市街

INDIA
西インド

【白地図】アーメダバード旧市街中心部

INDIA
西インド

【白地図】ジャマーマスジッド

INDIA
西インド

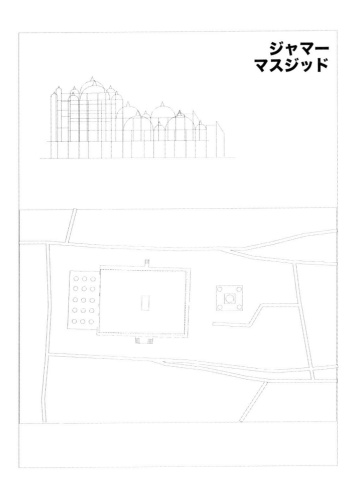

ジャマー
マスジッド

Ahmedabad

白地図

【白地図】ラーニーサーブライモスクと霊廟

INDIA
西インド

Ahmedabad | 白地図

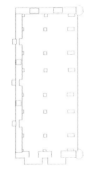
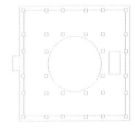

ラーニーサーブライ
モスクと霊廟

【白地図】市街北部

INDIA
西インド

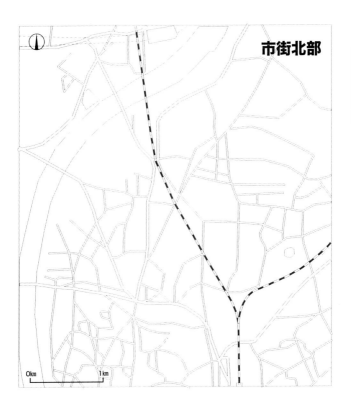

【白地図】サバルマティーアーシュラム

INDIA
西インド

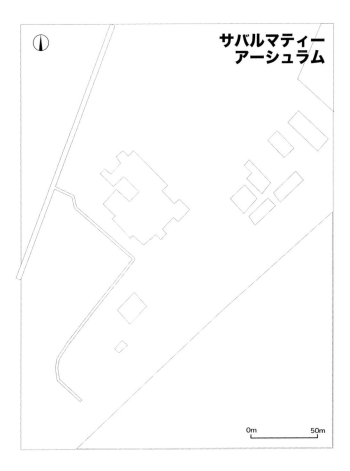

【白地図】アーメダバード新市街

INDIA
西インド

【白地図】アーメダバード郊外

INDIA
西インド

【白地図】アダラジの階段井戸

INDIA
西インド

アダラジの階段井戸

Ahmedabad

白地図

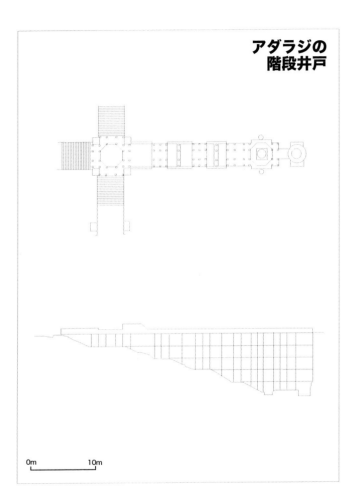

0m 10m

【白地図】サルケジロザ

INDIA
西インド

サルケジロザ

Ahmedabad

白地図

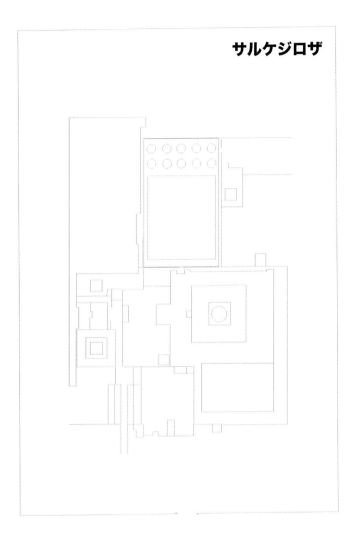

【白地図】ガンジーナガル

INDIA
西インド

ガンジーナガル

Ahmedabad 白地図

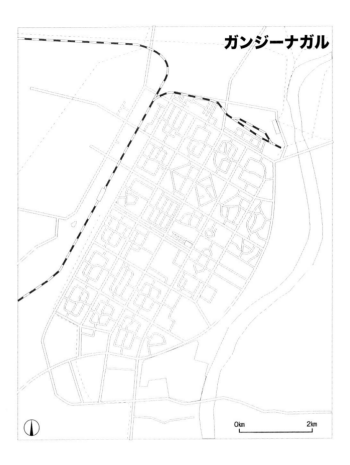

【まちごとインド】
西インド 011 はじめてのマハラシュトラ
西インド 012 ムンバイ
西インド 013 プネー
西インド 014 アウランガバード
西インド 015 エローラ
西インド 016 アジャンタ
西インド 021 はじめてのグジャラート
西インド 022 アーメダバード
西インド 023 ヴァドダラー（チャンパネール）
西インド 024 ブジ（カッチ地方）

キャンベイ湾に注ぐサバルマティー川の河畔に開けたグジャラート州最大の都市アーメダバード。デリーとムンバイを結ぶ位置にあるインド有数の商工業都市で、伝統的に綿業が盛んな地としても知られている。

1411 年、グジャラート王国のアフマド・シャー 1 世の命で造営されたことで、この街の歴史ははじまった（街の名は「アフマドの街」を意味する）。以後、海洋交易をとりもつことで栄えたグジャラート王国の首都、また 1573 年、アクバル帝の遠征でその支配下に入って以後はムガル帝国の州都として繁

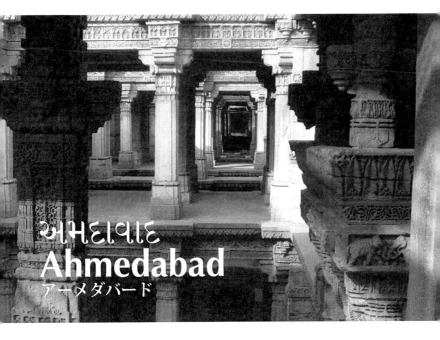

અમદાવાદ
Ahmedabad
アーメダバード

栄が続いていた。

　20世紀に入ると、グジャラート出身のガンジーがその運動の拠点とし、アーメダバードから「塩の行進」が行なわれるなどガンジーゆかりの地も残っている。1947年にインドが独立し、その後、1960年にグジャラート州がおかれると、この街の北西25kmに州都ガンジーナガルが建設された。

【まちごとインド】
西インド 022 アーメダバード

目次

アーメダバード …………………………………………… xxviii

西端インド最大都市 ……………………………………… xxxiv

旧市街城市案内 …………………………………………… xlii

市街北部城市案内 ………………………………………… lxiii

新市街城市案内 …………………………………………… lxxviii

郊外城市案内 ……………………………………………… lxxxvii

城市のうつりかわり ……………………………………… cix

【MEMO】

【地図】グジャラート州

【地図】グジャラート州の [★☆☆]
- [ ] メーサナ Mehsana
- [ ] ドレラ・スペシャル・インベストメント・リージョン Dholera Special Investment Region

西端 インド 最大都市

INDIA
西インド

インドを代表する綿織物の産地
グジャラート様式と呼ばれる白眉の建築
多彩な魅力に彩られた街

ガンジーゆかりの地

アーメダバードは「インド独立の父」マハトマ・ガンジーがその拠点をおいて非暴力、不服従の運動を展開した場所として知られる。イギリス植民地時代の1869年、ガンジーはグジャラートにある藩王国の息子として生まれ、イギリスへ留学して弁護士の資格を取得した。その後、南アフリカで「インド人は一等列車に乗ってはならない」「インド人は道の隅を歩かなくてはならない」といった状況を打破するための運動を展開する。1915年、インドに帰国したガンジーは、ネルーら国民会議派のメンバーとともにインドの民族運動をひき

Ahmedabad 西端インド最大都市

い、1947年、イギリスからインドの独立を勝ちとった。その後、1948年にデリーで過激派に暗殺されるが、今なお「バープー」として人々の尊敬を集めている。グジャラート州の州都ガンジーナガル(アーメダバードの北西25㎞)の名前は、ガンジーをたたえてつけられている。

インドを代表する建築群

アーメダバードに残るモスクや宮殿などの建築群は、15〜16世紀のグジャラート王国時代のもので、他のイスラム都市で見られる様式とは大きく異なる。それはグジャラート地

▲左　ガンジーはアーメダバード郊外にアーシュラムを構えた。　▲右　グジャラート様式で建てられたモスク

方で育まれたヒンドゥー教やジャイナ教の職人による様式でモスクや宮殿が建てられたため、グジャラート様式と呼ばれる独特のものとなっている。また20世紀最高の建築家と言われるル・コルビュジエ設計の現代建築が多く残ることでも知られる（この街に暮らす実業家に招聘された）。

アーメダバード街の構成

1411年、アフマド・シャー1世の命で造営された旧市街はサバルマティー川の東岸にあり、かつて城壁をめぐらしていたこの街が歴史的アーメダバードにあたる（現在は市門が残

【MEMO】

【地図】アーメダバード

【地図】アーメダバードの [★★★]
- [ ] ダーダー・ハリーの階段井戸 Dada Harir's Vav
- [ ] ハティーシング寺院 Hathee Singh Jain Temple
- [ ] サバルマティー・アーシュラム Sabarmati Ashram

【地図】アーメダバードの [★★☆]
- [ ] 旧市街 Old City
- [ ] ジャマー・マスジッド Jamma Masjid
- [ ] キャリコ博物館 Calico Museum
- [ ] サンスカルケンドラ美術館 Sanskar Kendra City Museum

【地図】アーメダバードの [★☆☆]
- [ ] カンカリア湖 Kankaria Lake

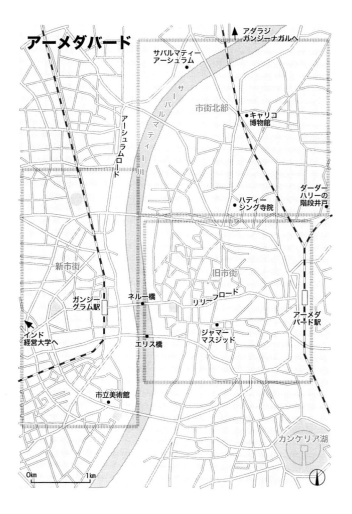

INDIA
西インド

▲左　美しい建築があふれる街、精巧な彫刻が残る。　▲右　アーメダバードには国立デザイン学校もある

る)。1817年にイギリスの支配下に入ると、旧市街北にカントンメントが築かれ、イギリスの統治拠点となった。19世紀になって綿業が盛んになると街は拡大し、とくに1892年にエリス橋がかけられたことでサバルマティー川の西岸の新市街が発展するようになった。

Guide, Old City
旧市街
城市案内

INDIA
西インド

サバルマティー川の両岸に広がる街
中世以来の伝統をもつ旧市街には
インドを代表する建築群が残る

旧市街 Old City ［★★☆］

グジャラート王国（アフマド・シャーヒー朝）は、デリー・サルタナット朝の地方総督が独立することで樹立され、1411年、王朝の新首都としてアーメダバードの造営がはじまった。1486〜87年には街を囲む市壁が建設され、そこでは12の市門が街の内外をわけていた（現在は14ある）。アーメダバード旧市街では、ジャイナ教徒、ヒンドゥー教徒、イスラム教徒がそれぞれ住みわけて暮らし、他の街にくらべてジャイナ教徒の割合が高いことが特徴にあげられる。中世から近代にかけて建てられたグジャラート様式の建物が旧市街を彩っている。

▲左　旧市街歩きの起点になるスッディサイヤド・モスク。　▲右　列をなすリキシャあふれるばかりの台数が街を走る、アーメダバード駅にて

ジャマー・マスジッド Jamma Masjid ［★★☆］

旧市街の中心に位置するマネク・チョウクに立つジャマー・マスジッド。アフマド・シャー1世の命で1424年に建てられ、260本の柱が林立する礼拝堂の上部には15のドーム屋根が載っている。これはヒンドゥー教、ジャイナ教などの技術がもちいられたグジャラート様式によるもので、インドを代表する完成度の高いモスクとなっている（柱を立てるのはインド土着の様式）。広い中庭をもち、金曜日には集団礼拝が行なわれる。

【地図】アーメダバード旧市街

【地図】アーメダバード旧市街の [★★☆]
- [ ] 旧市街 Old City
- [ ] ジャマー・マスジッド Jamma Masjid
- [ ] ラーニー・サーブライ・モスクと霊廟 Rani Sabrai Mosque

【地図】アーメダバード旧市街の [★☆☆]
- [ ] バドラ・フォート Bhadra Fort
- [ ] スッディサイヤド・モスク Sidi Saiyad Masjid
- [ ] パッタルワーリー・マスジッド Pattarwali Masjid
- [ ] スィッディ・バシール・ミナレット Minaret of Sidi Bashir

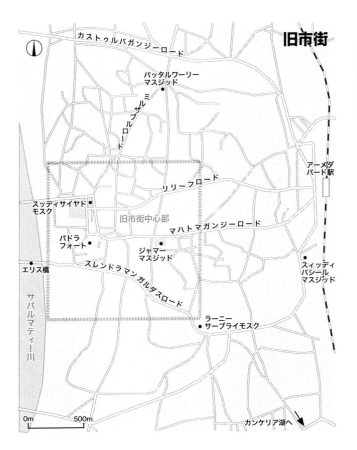

【地図】アーメダバード旧市街中心部

【地図】アーメダバード旧市街中心部の [★★☆]
- [ ] ジャマー・マスジッド Jamma Masjid
- [ ] アフマド・シャー廟 Ahmad Shah
- [ ] アフマド・シャー・モスク Ahmad Shah's Masjid

【地図】アーメダバード旧市街中心部の [★☆☆]
- [ ] バドラ・フォート Bhadra Fort
- [ ] スッディサイヤド・モスク Sidi Saiyad Masjid

INDIA
西インド

▲左 列柱が林のように連続するグジャラート様式の建築。 ▲右 人々が集団礼拝に訪れるジャマー・マスジッド

グジャラートのイスラム化

中世にイスラム勢力が侵入する以前、グジャラート地方はラージプート系王朝の統治下にあり、10世紀ごろには沿岸部にイスラム商人が進出していた。デリーに都をおいたハルジー朝の遠征で、1299年、ヴァーゲーラー朝が滅び、以後、デリーのスルタンから地方総督が派遣されるようになった（この時代、インド北西部からモンゴル軍が侵入したため、西方への足がかりとしてグジャラートが注目された）。ハルジー朝に続くトゥグルク朝が衰退すると、1408年、グジャラート総督が独立してグジャラート王国が樹立された。グ

【MEMO】

【地図】ジャマーマスジッド

【地図】ジャマーマスジッドの [★★☆]
- [ ] ジャマー・マスジッド Jamma Masjid
- [ ] アフマド・シャー廟 Ahmad Shah

【地図】ジャマーマスジッドの [★☆☆]
- [ ] マネク・チョウク Manek Chowk

ジャマー マスジッド

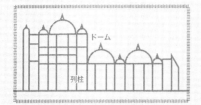

ジャマーマスジッド
断面図

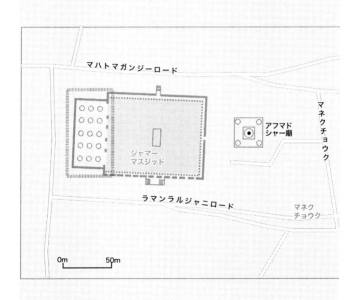

Ahmedabad ｜ 旧市街城市案内

INDIA
西インド

ジャラート王国は150年以上繁栄したが、1573年のムガル帝国第3代アクバル帝の遠征で滅亡した。このときグジャラート様式の建築がムガル帝国にもたらされている。

アフマド・シャー廟 Ahmad Shah ［★★☆］

アーメダバードの街を築いたアフマド・シャー1世が眠る霊廟。グジャラート王国第3代のスルタン・アフマド・シャー1世は、実質的にこの王朝の創始者と見られ、以後、150年以上も繁栄を続ける王朝の礎を築いた。1442年にスルタンがなくなったのちに築かれ、この霊廟の東側には王妃の墓も

▲左　アフマド・シャー廟近くは入り組んでいる。　▲右　複雑に組みあげられたジャマー・マスジッド内部

残っている。

マネク・チョウク Manek Chowk ［★☆☆］

アーメダバード旧市街の中心部に位置するマネク・チョウク。グジャラート王国の宮殿バドラ・フォートから東に走る目抜き通りだったところで、ジャマー・マスジッドやアフマド・シャー廟などがならぶ。またマネク・チョウク近くには財力をもつジャイナ教徒が集住している街区がある。

INDIA
西インド

バドラ・フォート Bhadra Fort［★☆☆］

バドラ・フォートは1411年、この街を造営したアフマド・シャー1世の宮殿がおかれていたところで、この城塞を中心に街づくりが進んだ。バドラという名前は、カーリー女神の化身バドラにちなみ、ここから東にティン・ダルワザ、マネク・チョウクと続いている。

スッディサイヤド・モスク Sidi Saiyad Masjid［★☆☆］

この街の歴史がはじまったばかりの1412年に建てられたスッディサイヤド・モスク。ジャイナ寺院やヒンドゥー寺院

▲左　アフマド・シャーの宮殿バドラ・フォート、すぐそばにヒンドゥー寺院も立つ。　▲右　ウルドゥー語と英語、グジャラート語が併記されている

の石材が転用され（その装飾が見える）、ミナレットをもたない様式となっている。

アフマド・シャー・モスク Ahmad Shah's Masjid ［★★☆］

サバルマティー川近くに位置するアフマド・シャー・モスク。1411年にアーメダバードの造営とともに、スルタンがまず最初に築いたのがこのモスクで、金曜日の集団礼拝が行なわれていた。もともとこの地にあったヒンドゥー寺院やジャイナ寺院をとり壊し、その石材で建設された。

▲左　こぢんまりとしているが見応えあるラーニー・サーブライ・モスクと霊廟。　▲右　この街でもっとも古いアフマド・シャー・モスク

パッタルワーリー・マスジッド Pattarwali Masjid [★☆☆]

旧市街デリー門から南下したところに位置するパッタルワーリー・マスジッド。「石のモスク」の愛称をもち、スルタン・ムハンマド・シャーの治世の1449年に建設された。

ラーニー・サーブライ・モスクと霊廟
Rani Sabrai Mosque [★★☆]

ラーニー・サーブライ・モスクと霊廟は、旧市街南部に残るモスクと霊廟などが一帯となった複合建築。1514年、グジャラート王族アブー・バクル・ハンの母ラーニー・サーブライ

【MEMO】

【地図】ラーニーサーブライモスクと霊廟の [★★☆]

☐ ラーニー・サーブライ・モスクと霊廟
Rani Sabrai Mosque

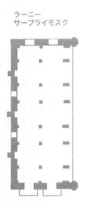
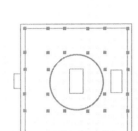

ラーニー
サーブライモスク

ラーニー
サーブライ霊廟

ラーニーサーブライ
モスクと霊廟

によって建立された。モスクと霊廟が向かいあって配置され、壁面は繊細な彫刻で装飾されている（グジャラートにある霊廟の特徴は、モスクと関係づけられることだという）。

INDIA
西インド

スィッディ・バシール・ミナレット
Minaret of Sidi Bashir [★☆☆]

旧市街東部に位置するスィッディ・バシール・ミナレット（スィッディ・バシールはアフマド・シャー1世の宮廷奴隷）。15世紀に建立されたミナレットが残り、一方の頂上でミナレットを揺らすともう一方も揺れる構造になっている。

▲左 礼拝の時間を記した看板、時間になれば人が集まる。　▲右　スィッディ・バシール・ミナレット、モスク本体は新しい

カンカリア湖 Kankaria Lake [★☆☆]

アーメダバード市街南東部に位置する巨大な円型をしたカンカリア湖。1451年、グジャラート王国のスルタン・クトゥーブッディーンによって整備されたのをはじまりとする。南側から湖の中心に向かって道が伸び、中央の島には離宮ナギーナがおかれていた。動物園、公園、ボートクラブ、子供向け列車などがあり、市民の憩いの場となっている。

Guide, City North
市街北部 城市案内

ダーダー・ハリーの階段井戸や
ハティーシング寺院
ガンジーのアーシュラムも残る

ダーダー・ハリーの階段井戸 Dada Harir's Vav [★★★]
アーメダバード市街北西2kmに残るダーダー・ハリーの階段井戸（ヴァヴとはグジャラート語で、階段井戸バオリのこと）。乾季と雨季を繰り返すインドのなかでも、とくに西インドではバオリと呼ばれる貯水用の井戸が見られる。このダーダー・ハリーの階段井戸は、グジャラート王国第7代スルタン・マフムード・ベガラ（1458～1511年）のハレムに仕えた女性の命で造営された（11世紀ごろからこの場所には井戸があったという）。長さ70m、幅6m、深さ20mの規模をもち、そばにはモスクと彼女を葬った墓がある。

▲左　井戸の底から見る空、光が差し込む。　▲右　階段井戸の近くには霊廟とモスクが立つ

マタール・ババーニの階段井戸
Matar Bhavani Ni Vav ［★☆☆］

ダーダー・ハリーの階段井戸の北200mに残るマタール・ババニーニの階段井戸。13世紀のソーラーンキー朝時代に開削されたと伝えられ、現在ではババーニ女神（パールヴァティー女神）をまつる寺院となっている。階段井戸にヒンドゥー神像や植物、絵画を飾りたててある。

【MEMO】

【地図】アーメダバード市街北部

【地図】アーメダバード市街北部の [★★★]
- [ ] ダーダー・ハリーの階段井戸 Dada Harir's Vav
- [ ] ハティーシング寺院 Hathee Singh Jain Temple
- [ ] サバルマティー・アーシュラム Sabarmati Ashram

【地図】アーメダバード市街北部の [★★☆]
- [ ] キャリコ博物館 Calico Museum
- [ ] 旧市街 Old City

【地図】アーメダバード市街北部の [★☆☆]
- [ ] マタール・ババーニの階段井戸 Matar Bhavani Ni Vav

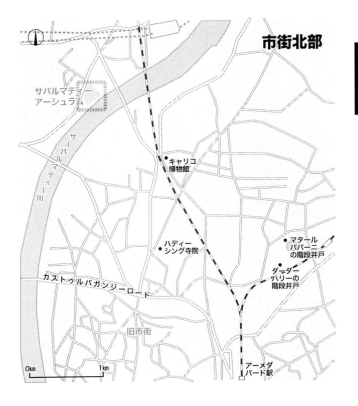

西インド

ハティーシング寺院 Hathee Singh Jain Temple ［★★★］

ハティーシング寺院は、アーメダバード旧市街の北側に立つジャイナ教寺院。19世紀、ジャイナ教徒の商人シェトハティーシングの寄進で建てられ、精緻な彫刻で壁面や柱が彩られたグジャラート様式の建築となっている。歴史的にジャイナ教を保護する王朝や大学者が出たところから、グジャラートではジャイナ教の伝統が息づき、この寺院には第24代祖師マハーヴィラへ続くジャイナ教の第15代祖師ダルマナータがまつられている。

▲左　マタール・バパーニの階段井戸、ダーター・ハリーの近く。　▲右　ジャイナ教徒の豪商が建てたハティーシング寺院

キャリコ博物館 Calico Museum［★★☆］

良質な綿花を産出し、綿工業の長い伝統をもつアーメダバード。キャリコ博物館には色とりどりの綿織物が展示され、その規模は世界屈指のものとなっている（キャリコとはインド綿を意味する）。この地方のマハラジャの宮殿が改装されて博物館となった。

サバルマティー・アーシュラム Sabarmati Ashram［★★★］

アーメダバード北郊外の川岸に位置するサバルマティー・アーシュラム。「独立の父」マハトマ・ガンジーがインドに

西インド

▲左 世界に名をはせるグジャラート産の綿、キャリコ博物館。 ▲右 マハトマ・ガンジーがつむいだ糸車が見える、サバルマティー・アーシュラム

帰国した1915年にここに道場を構え、1920〜30年代にかけてインド民族運動の拠点となっていた。グジャラート地方に生まれたガンジーは、この地方で盛んだったジャイナ教の影響を受けて「非暴力」「不服従」の思想をもつようになったと言われる。イギリスによる綿業がインドの伝統的な綿業を駆逐していたことから、ガンジーはこのアーシュラムで糸車を自らまわして綿をつむいでみせた。現在、博物館となっていて、ガンジーが生活した様子を保存した部屋が残っている。

【MEMO】

【地図】サバルマティーアーシュラムの [★★★]

☐ サバルマティー・アーシュラム Sabarmati Ashram

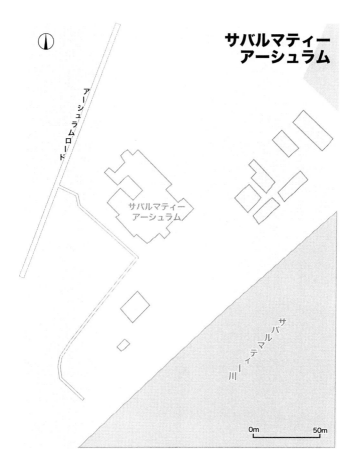

▲左 綿をつむぐガンジー、非暴力で独立を成し遂げた。　▲右 アーシュラムを訪れていた人々、美しい衣装をまとっている

アーシュラムでの生活

ガンジーがはじめて構えたこのアーシュラムでは老若男女数十名が共同生活を行なっていた。ここではガンジーの思想のもと、カースト問わず、すべての人が何らかの仕事に従事し、非暴力、無所有、粗食などが実践されたという。このガンジーのアーシュラムにはインド各地から人々が集まってきて、民族運動の一大拠点となっていた。

塩の行進

イギリスの植民地支配に対して、「非暴力」「不服従」の運動

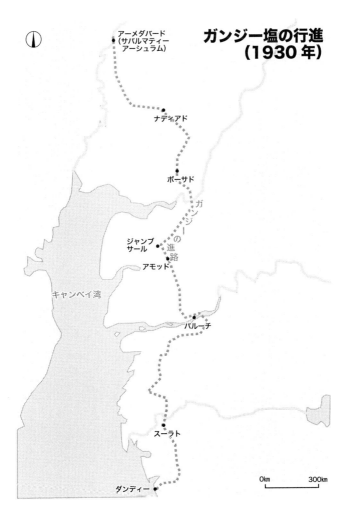

INDIA
西インド

を展開したガンジー。その運動のなかでアーメダバードのアーシュラムから、ムンバイ近くのダンディー海岸までの385kmを24日で歩いた「塩の行進」は広く知られている。イギリス植民地時代、人々の生活に必要な塩はイギリスの専売制となっていて、インド人が自由につくることはできなかった。そのようななかガンジーはその支援者とともに4週間かけて海岸の街ダンディーまで歩き、自らの手で製塩するといった行為を通じて人々に訴えた。生活に必要な塩をつくるという行為は、宗派の違いなどを超え、インドのあらゆる人々の共感を呼ぶことになった。

Guide, New City
新市街
城市案内

INDIA
西インド

サバルマティー川西岸に広がる新市街
20世紀になって招聘された
建築家ル・コルビジェによる建物が残る

繊維業者協会会館
Ahmedabad Textile Mills' Association [★☆☆]

サバルマティー川のほとりに立つ繊維業者協会会館。19世紀末〜20世紀にかけてアーメダバードの綿業は栄え、それら繊維業で財をなした富裕層は文化や芸術への造詣も深く、1951年、ル・コルビュジエにこの建物の設計を依頼した。完成した繊維業者協会会館は繊維業者のジャイナ教徒やその家族、親族が集まれるサロンのような場所となっていた。20世紀の織物業主アンバラール・サラバイはガンジーの支援者であったことも知られる。

ル・コルビュジエとインド

1947年の印パ分離独立で、パンジャーブ地方はふたつの国にわかれ、古都ラホールはパキスタンにくみされた。インド側パンジャーブ州の州都の造営に選ばれたのが、20世紀最高の建築家とされるル・コルビュジエ。1951年にル・コルビュジエがはじめてインドに着くと、アーメダバードの繊維業者や市長からも建築の設計を依頼された。アーメダバードにはル・コルビュジエによるインドの気候にあわせた建築が残っている。

▲左　コンクリート打ちっ放しの繊維業者協会会館。　▲右　中世以来の城壁は道路へと整備された

サンスカルケンドラ美術館
Sanskar Kendra City Museum ［★★☆］

アーメダバードの文化や民俗が展示されたサンスカルケンドラ美術館。ル・コルビュジエによる設計で、地上階にピロティがもうけられ、建物がもちあげられている。この美術館では四角い箱をらせん状に配置することで、無限に成長する美術館の構想を実現しようとしたという（未完成）。

【MEMO】

【地図】アーメダバード新市街

【地図】アーメダバード新市街の [★★☆]
- [ ] サンスカルケンドラ美術館
  Sanskar Kendra City Museum

【地図】アーメダバード新市街の [★☆☆]
- [ ] 繊維業者協会会館
  Ahmedabad Textile Mills' Association
- [ ] インド経営大学 Indian Institutes of Management

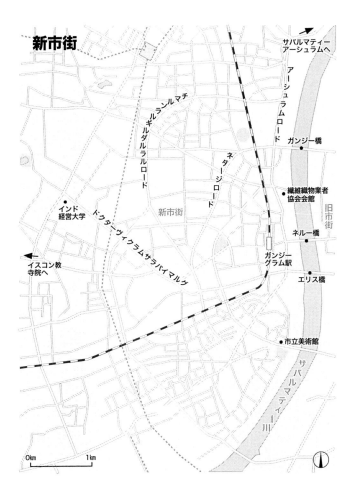

INDIA
西インド

インド経営大学 Indian Institutes of Management[★☆☆]

インドでも屈指の名門校として知られるインド経営大学。バングラデシュの国会議事堂でも知られるユダヤ系アメリカ人、ルイス・カーンの設計で、幾何学的な意匠をもつキャンパスとなっている(地元の人々を工事に使い、レンガなどかんたんな素材で仕上げられた)。1974年に竣工したが、ルイス・カーンはそのアーメダバードからの帰途、ニューヨークで心臓発作でなくなっている。

▲左　ル・コルビュジエ設計の博物館、1階はピロティになっている。　▲右　幾何学の意匠が見られるキャンパスをもつインド経営大学

イスコン教寺院 ISKCON Mandir ［★☆☆］

イスコン教は、クリシュナ神を信仰するヒンドゥー教の新興宗教。このイスコン教寺院の建築様式はグジャラートやラジャスタンなど西インドで育まれ、4000人を収容するホールをもつ。アーメダバード新市街から西5kmの郊外に位置する。

Guide, Around Ahmedabad
郊外城市案内

この地方で独自に発達した階段井戸
精緻な彫刻がほどこされ
複合的な水利施設となっていた

アダラジの階段井戸 Adalaj Vav ［★★★］

アーメダバード北20kmに位置するアダラジ村に残る階段井戸。西インドでももっとも規模が大きく、豊富な装飾に彩られたものとして知られる。1499年、この地方のヒンドゥー王朝の王妃ルダバイの命で雨水をたくわえるために掘られ、地上からは地下が見えないようになっている。三方向から地下に階段が続き、最奥の北へ伸びるつくりとなっていて、もっとも北側の井戸の底（深さ30mを超す）からは、八角形にかたどられた空が見える。

INDIA
西インド

▲左　アダラジの階段井戸、水と聖性があわさる。　▲右　階段井戸には見事な彫刻がほどこされている

階段井戸をめぐる伝説

アダラジの階段井戸が掘られた時代、この地はヒンドゥー系のヴァーゲーラー朝ラーナ・ヴェール・シンに統治されていた。そこへイスラム勢力のモハメッド・ベグダが進出し、ヴァーゲーラー朝の王妃ルダバイは彼に求婚された。王妃は回答を保留し、ひとまず階段井戸を完成させることを希望し、完成したのを確認するとこの井戸に身を投げて生命を絶ったという（そのためルダの階段井戸とも呼ばれる）。

【MEMO】

【地図】アーメダバード郊外

【地図】アーメダバード郊外の [★★★]
- [ ] アダラジの階段井戸 Adalaj Vav

【地図】アーメダバード郊外の [★★☆]
- [ ] サルケジ・ロザ Sarkhej Roza

【地図】アーメダバード郊外の [★☆☆]
- [ ] イスコン教寺院 ISKCON Mandir
- [ ] ガンジーナガル Gandhinagar
- [ ] サナンド Sanand

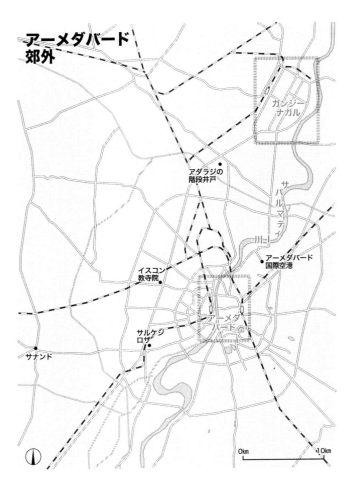

INDIA
西インド

▲左 何本もの柱が続く不思議な空間。 ▲右 地上から見た階段井戸、この下にもうひとつの世界が広がる

ふたつとない美しい井戸

井戸の出来栄えに満足したモハメッド・ベグダが「同じ井戸をもうひとつつくられるか？」とたずねたところ、石工たちは「できる」とうなずいた。そのため石工たちは直ちに処刑されてしまい、階段井戸のそばの墓に葬られたという（地上にある墓は石工のものだとされる）。

水への信仰

厳しい乾季が続く西インドでは、階段井戸が掘られ、雨季の水が貯水されていた。規模の大きい階段井戸はグジャラート

【MEMO】

【地図】アダラジの階段井戸の [★★★]
☐ アダラジの階段井戸 Adalaj Vav

アダラジの階段井戸

Ahmedabad 郊外城市案内

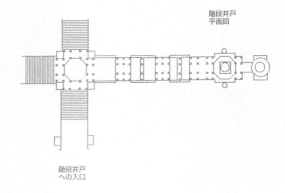

階段井戸 平面図

階段井戸への入口

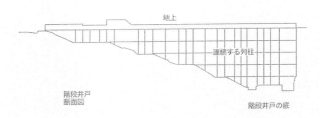

地上
連続する列柱
階段井戸断面図
階段井戸の底

0m　10m

▲左　サルケジの人造湖、乾季のため干上がっていた。　▲右　グジャラート王国のマフムード・ベガラ廟

の職人たちによって装飾され、井戸の底に王族の離宮がおかれることもあった。とくにこの地方では水への信仰がインダス文明の時代から見られるなど、水は生活にかかせないものなだけではなく、信仰対象にもなってきた。

サルケジ・ロザ Sarkhej Roza ［★★☆］

アーメダバード西11kmに位置するサルケジ。街の一角にはグジャラート王国の第7代スルタン・マフムード・ベガラが統治する15世紀に造営された人造湖、離宮、廟、モスクからなる複合施設サルケジ・ロザが残っている。この地方の布

【MEMO】

【地図】サルケジロザ

【地図】サルケジロザの [★★☆]
- サルケジ・ロザ Sarkhej Roza

サルケジロザ

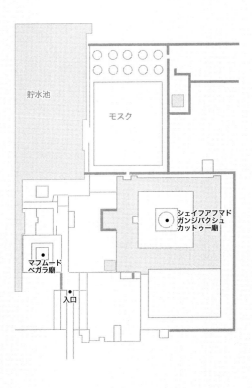

INDIA
西インド

教に貢献したイスラム聖者シェイフ・アフマド・ガンジ・バクシュ・カットゥー廟に向きあうようにスルタン・マフムード・ベガラの霊廟がおかれ、それぞれ建物の壁面は美しい彫刻で彩られている。スルタンはアーメダバードを造営した第3代アフマド・シャー1世の孫で、グジャラート王国の領土を拡大したことでも知られる。またサルケジでとれる藍は、グジャラート屈指の品質で知られる。

ガンジーナガル Gandhinagar ［★☆☆］

アーメダバードの北25kmに位置するグジャラート州の州都ガンジーナガル。歴史的にグジャラート州最大の都市は、アーメダバードだったが、1960年、新たに政府機能をもつ州都としてガンジーナガルが造営された（1947年のインド独立では、グジャラートはボンベイ州にくみこまれていたが、言語州再編で1960年にグジャラート州として分離された）。グジャラート州にゆかりのあるガンジーにちなんで、この名前がつけられている。

INDIA
西インド

アクシャルダム寺院 Akshardham Mandir［★☆☆］

ガンジーナガルに立つ巨大なヒンドゥー寺院のアクシャルダム寺院。聖者バグワン・スワミナラヤン（1781〜1830年）の教えを信仰するヒンドゥー教の一派の寺院で、グジャラートを中心に影響力をもつ。ニュー・デリーにあるアクシャルダム寺院の前身となった。

サナンド Sanand［★☆☆］

アーメダバード西20kmに位置し、工業団地がおかれているサナンド。デリーとムンバイを結ぶ商業都市アーメダバード

【MEMO】

【地図】ガンジーナガルの [★☆☆]

- [ ] ガンジーナガル Gandhinagar

ガンジーナガル

Ahmedabad | 郊外城市案内

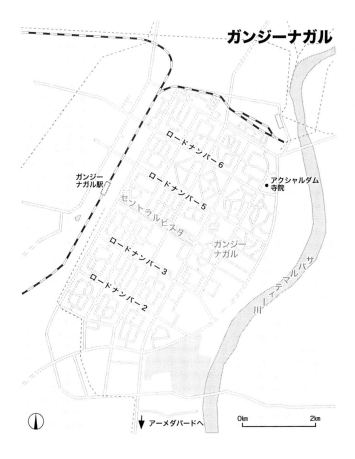

に近い立地をもち、自動車はじめ製造業の集積地となっている。

メーサナ Mehsana ［★☆☆］
アーメダバードの北西100kmに位置するメーサナ。中世以来の伝統を有する街で、現在では日系企業専用の工業団地がおかれていることでも知られる。またメーサナの西15kmにはグジャラート建築の最高峰モデラの太陽寺院が立つ。

Ahmedabad 郊外城市案内

ドレラ・スペシャル・インベストメント・リージョン
Dholera Special Investment Region ［★☆☆］

アーメダバードを流れるサバルマティー川が注ぎこむキャンベイ湾にのぞむ地に整備されたドレラ・スペシャル・インベストメント・リージョン。デリー、ムンバイの中間に位置する立地、カンベイ湾の港湾機能を活かした開発区で、大規模な投資、開発が進められている。莫大な人口を抱えるインドの首都圏への窓口になると考えられている。

城市のうつりかわり

西インドを代表する都市アーメダバード
1411年、アフマド・シャー1世の命で造営された
以来、グジャラート地方の中心地として繁栄を続けてきた

アーメダバードまで(〜15世紀)

グジャラートという地名は、6世紀にフン族とともに南下した遊牧騎馬民族のグルジャラ族に由来する。この地では8世紀ごろからグルジャラ族などによるラージプート諸王朝が樹立され、その中心はアーメダバードから北西130kmのアナヒラパータカ(パタン)にあった。やがて中世になってイスラム勢力がインドに侵入するなかで、1297年、グジャラートもその支配下に入り、アナヒラパータカにデリー・サルタナット朝から地方総督が派遣されるようになっていた。

INDIA
西インド

グジャラート王国（15〜16世紀）

デリーから派遣されていたグジャラート総督ムザッファル・シャーは、宗主のトゥグルク朝がティムールの侵入などで弱体化すると、1408年、独立して王位に着いた（グジャラート王国の樹立）。第3代アフマド・シャー1世は、小さな交易都市シャーパッリがあったサバルマティー川のほとりの地に目をつけ、1411年、新首都アーメダバードの建設がはじまった。このとき宮殿のバドラ・フォートが建てられ、その東にマネク・チョウク、モスクなどが続くイスラム都市が完成した。街の名前はアフマド・シャー1世に由来し、アフマ

▲左 アーメダバードはインド有数の都市、リキシャ、バイク、車などが行き交う。　▲右 サルケジで出会った子どもたち

ダーバード(「アフマドの街」)とも表記される。

ポルトガルの出現(15〜20世紀)

1498年、グジャラート商人の力を借りて、ヴァスコ・ダ・ガマがインド航路を「発見」し、以後、ポルトガル商人がインド洋にあらわれるようになった。ポルトガルは武力でゴアやインド海岸部を制圧し、16世紀なかごろにはディーウをはじめとするキャンベイ湾の支配権をめぐって、グジャラート王国と対立するようになった。この時代、北インドにムガル帝国が樹立されるなど、めまぐるしい諸勢力の興亡が続い

INDIA
西インド

ていて、グジャラート王国はディーウにポルトガルの商館建設を認めることになった。

ムガル帝国（16〜18世紀）

1526年、中央アジアから侵入して樹立されたムガル帝国。当初、北インドの一部をおさめるだけだったが、第3代アクバル帝の時代になると強力な支配体制がとられるようになった。1573年、アクバル帝の遠征を受けて、グジャラート王国は滅亡し、アーメダバードにムガル帝国の州長官がおかれた。この時代、アーメダバードでは、金属、象牙細工、絨毯

▲左　タンドリーチキン、かまどのなかで焼く。　▲右　サバルマティー川をはさんで新旧が隣あわせる

Ahmedabad 城市のうつりかわり

などの手工業はじめ、商工業が発達し、街は繁栄をきわめていた（グジャラートのスーラトはムガル帝国の最大の貿易都市だった）。

イギリス統治（19〜20世紀）

ムガル帝国が弱体化すると、アーメダバードはマハラシュトラを拠点とするマラータ王国の侵攻を受け、1753年にはその勢力下に入った。その統治は1817年まで続いたが、マラータ戦争でイギリスが勝利し、アーメダバードもイギリス領ボンベイ管区にくみこまれた（旧市街北側に軍営地が築かれ

INDIA
西インド

た)。この時代、グジャラート地方はベンガル地方とならぶ商業地となり、インド綿の需要増加を契機にイギリスでは産業革命が進み、アーメダバードにも紡績工場や鉄道駅が建設された。またガンジーがアーメダバードに拠点をおき、この街が独立運動の拠点となったことでも知られる。

独立後（20世紀〜）

1947年のインド独立にさいして、アーメダバードはボンベイ州を構成することになった（現在のマハラシュトラ州、グジャラート州をふくむ）。やがて言語州再編の考えから、

Ahmedabad — 城市のうつりかわり

1960年にグジャラート州として分離し、アーメダバードの北東25kmに新たな州都ガンジーナガルが建設された。中世以来、グジャラート地方の中心となってきたアーメダバードは現在、サバルマティー川の両岸に広がり、インドを代表する商工業都市となっている。

参考文献

『インド建築案内』(神谷武夫 /TOTO 出版)

『ムガル都市』(布野修司・山根周 / 京都大学学術出版会)

『都市の顔インドの旅』(坂田貞二・臼田雅之・内藤雅雄・高橋孝信 / 春秋社)

『東洋文化研究所インド・イスラーム史跡』(東京大学東洋文化研究所 web)

『インドの水保存法としての階段井戸』(福田眞人 / 言語文化論集)

『ル・コルビュジエのインド』(北田英治 / 彰国社)

『ル・コルビュジエ理念と形態』(W.J.R. カーティス / 鹿島出版会)

『インドの工業団地第 5 回グジャラート州』(飯田康久 / ジェトロセンサー 61)

『世界大百科事典』(平凡社)

まちごとパブリッシングの旅行ガイド
Machigoto INDIA , Machigoto ASIA , Machigoto CHINA

【北インド - まちごとインド】

001 はじめての北インド
002 はじめてのデリー
003 オールド・デリー
004 ニュー・デリー
005 南デリー
012 アーグラ
013 ファテープル・シークリー
014 バラナシ
015 サールナート
022 カージュラホ
032 アムリトサル

【西インド - まちごとインド】

001 はじめてのラジャスタン
002 ジャイプル
003 ジョードプル
004 ジャイサルメール
005 ウダイプル
006 アジメール（プシュカル）
007 ビカネール
008 シェカワティ
011 はじめてのマハラシュトラ
012 ムンバイ
013 プネー
014 アウランガバード
015 エローラ
016 アジャンタ
021 はじめてのグジャラート
022 アーメダバード
023 ヴァドダラー（チャンパネール）
024 ブジ（カッチ地方）

【東インド - まちごとインド】

002 コルカタ
012 ブッダガヤ

【南インド - まちごとインド】

001 はじめてのタミルナードゥ
002 チェンナイ
003 カーンチプラム
004 マハーバリプラム
005 タンジャヴール
006 クンバコナムとカーヴェリー・デルタ
007 ティルチラパッリ
008 マドゥライ
009 ラーメシュワラム
010 カニャークマリ
021 はじめてのケーララ
022 ティルヴァナンタプラム
023 バックウォーター（コッラム〜アラップーザ）
024 コーチ（コーチン）
025 トリシュール

【ネパール - まちごとアジア】

001 はじめてのカトマンズ
002 カトマンズ
003 スワヤンブナート

004 パタン
005 バクタプル
006 ポカラ
007 ルンビニ
008 チトワン国立公園

【バングラデシュ - まちごとアジア】

001 はじめてのバングラデシュ
002 ダッカ
003 バゲルハット（クルナ）
004 シュンドルボン
005 プティア
006 モハスタン（ボグラ）
007 パハルプール

【パキスタン - まちごとアジア】

002 フンザ
003 ギルギット（KKH）
004 ラホール
005 ハラッパ
006 ムルタン

【イラン - まちごとアジア】

001 はじめてのイラン
002 テヘラン
003 イスファハン
004 シーラーズ
005 ペルセポリス
006 パリルスタダエ（ナグシェ・ロスタム）
007 ヤズド
008 チョガ・ザンビル（アフヴァーズ）
009 タブリーズ

010 アルダビール

【北京 - まちごとチャイナ】

001 はじめての北京
002 故宮（天安門広場）
003 胡同と旧皇城
004 天壇と旧崇文区
005 瑠璃廠と旧宣武区
006 王府井と市街東部
007 北京動物園と市街西部
008 頤和園と西山
009 盧溝橋と周口店
010 万里の長城と明十三陵

【天津 - まちごとチャイナ】

001 はじめての天津
002 天津市街
003 浜海新区と市街南部
004 薊県と清東陵

【上海 - まちごとチャイナ】

001 はじめての上海
002 浦東新区
003 外灘と南京東路
004 淮海路と市街西部
005 虹口と市街北部
006 上海郊外（龍華・七宝・松江・嘉定）
007 水郷地帯（朱家角・周荘・同里・甪直）

【河北省 - まちごとチャイナ】

001 はじめての河北省
002 石家荘
003 秦皇島
004 承徳
005 張家口
006 保定
007 邯鄲

【江蘇省 - まちごとチャイナ】

001 はじめての江蘇省
002 はじめての蘇州
003 蘇州旧城
004 蘇州郊外と開発区
005 無錫
006 揚州
007 鎮江
008 はじめての南京
009 南京旧城
010 南京紫金山と下関
011 雨花台と南京郊外・開発区
012 徐州

【浙江省 - まちごとチャイナ】

001 はじめての浙江省
002 はじめての杭州
003 西湖と山林杭州
004 杭州旧城と開発区
005 紹興
006 はじめての寧波
007 寧波旧城
008 寧波郊外と開発区
009 普陀山
010 天台山
011 温州

【福建省 - まちごとチャイナ】

001 はじめての福建省
002 はじめての福州
003 福州旧城
004 福州郊外と開発区
005 武夷山
006 泉州
007 厦門
008 客家土楼

【広東省 - まちごとチャイナ】

001 はじめての広東省
002 はじめての広州
003 広州古城
004 天河と広州郊外
005 深圳（深セン）
006 東莞
007 開平（江門）
008 韶関
009 はじめての潮汕
010 潮州
011 汕頭

【遼寧省 - まちごとチャイナ】

001 はじめての遼寧省
002 はじめての大連
003 大連市街
004 旅順
005 金州新区

006 はじめての瀋陽
007 瀋陽故宮と旧市街
008 瀋陽駅と市街地
009 北陵と瀋陽郊外
010 撫順

【重慶 - まちごとチャイナ】

001 はじめての重慶
002 重慶市街
003 三峡下り（重慶〜宜昌）
004 大足

【香港 - まちごとチャイナ】

001 はじめての香港
002 中環と香港島北岸
003 上環と香港島南岸
004 尖沙咀と九龍市街
005 九龍城と九龍郊外
006 新界
007 ランタオ島と島嶼部

【マカオ - まちごとチャイナ】

001 はじめてのマカオ
002 セナド広場とマカオ中心部
003 媽閣廟とマカオ半島南部
004 東望洋山とマカオ半島北部
005 新口岸とタイパ・コロアン

【Juo-Mujin（電子書籍のみ）】

Juo-Mujin 香港縦横無尽
Juo-Mujin 北京縦横無尽
Juo-Mujin 上海縦横無尽

【自力旅游中国 Tabisuru CHINA】

001 バスに揺られて「自力で長城」
002 バスに揺られて「自力で石家荘」
003 バスに揺られて「自力で承徳」
004 船に揺られて「自力で普陀山」
005 バスに揺られて「自力で天台山」
006 バスに揺られて「自力で秦皇島」
007 バスに揺られて「自力で張家口」
008 バスに揺られて「自力で邯鄲」
009 バスに揺られて「自力で保定」
010 バスに揺られて「自力で清東陵」
011 バスに揺られて「自力で潮州」
012 バスに揺られて「自力で汕頭」
013 バスに揺られて「自力で温州」

【車輪はつばさ】
南インドのアイラヴァテシュワラ寺院には建築本体に車輪がついていて寺院に乗った神さまが人びとの想いを運ぶと言います。

- 本書はオンデマンド印刷で作成されています。
- 本書の内容に関するご意見、お問い合わせは、発行元のまちごとパブリッシング info@machigotopub.com までお願いします。

まちごとインド
西インド022アーメダバード
～階段井戸とガンジーの「足跡」［モノクロノートブック版］

2017年11月14日　発行

著　者	「アジア城市（まち）案内」制作委員会
発行者	赤松　耕次
発行所	まちごとパブリッシング株式会社 〒181-0013　東京都三鷹市下連雀4-4-36 URL http://www.machigotopub.com/
発売元	株式会社デジタルパブリッシングサービス 〒162-0812　東京都新宿区西五軒町11-13 清水ビル3F
印刷・製本	株式会社デジタルパブリッシングサービス URL http://www.d-pub.co.jp/

MP029

ISBN978-4-86143-163-0 C0326　　　Printed in Japan
本書の無断複製複写（コピー）は、著作権法上での例外を除き、禁じられています。